First Italian Words

Illustrated by David Melling

OXFORD

UNIVERSITY PRESS

For Bosiljka, Branko and Igor Sunajko.
D.M.

OXFORD
UNIVERSITY PRESS

Great Clarendon Street, Oxford OX2 6DP

Oxford University Press is a department of the University of Oxford.
It furthers the University's objective of excellence in research, scholarship,
and education by publishing worldwide in

Oxford New York

Auckland Cape Town Dar es Salaam Hong Kong Karachi
Kuala Lumpur Madrid Melbourne Mexico City Nairobi
New Delhi Shanghai Taipei Toronto

With offices in

Argentina Austria Brazil Chile Czech Republic France Greece
Guatemala Hungary Italy Japan Poland Portugal Singapore
South Korea Switzerland Thailand Turkey Ukraine Vietnam

Oxford is a registered trade mark of Oxford University Press
in the UK and in certain other countries

Illustrations copyright © David Melling 1999
Text copyright © Oxford University Press 1999

Database right Oxford University Press (maker)

First published as First Book of Words 1999
First published as First Italian Words 2009

English words compiled by Neil Morris
Italian translation by Isabelle Riviere

British Library Cataloguing in Publication Data available

ISBN: 978-0-19-911100-8

1 3 5 7 9 10 8 6 4 2

Paper used in the production of this book is a natural,
recyclable product made from wood grown in sustainable forests.
The manufacturing process conforms to the environmental
regulations of the country of origin.

Printed in Singapore

All efforts have been made to ensure that these translations are
accurate and appropriate. If you have any further language queries,
please visit our website at www.askoxford.com.

Contents

Io e te

You and Me

petto
chest

gamba
leg

piede
foot

dito del piede
toe

gomito
elbow

sederino
bottom

schiena
back

dito
finger

pancia
tummy

ginocchio
knee

mano
hand

capelli
hair

braccio
arm

testa
head

spalle
shoulders

viso
face

guancia
cheek

orecchio
ear

occhio
eye

mento
chin

bocca
mouth

denti
teeth

lingua
tongue

collo
neck

naso
nose

bambina
girl

bambino
boy

5

A casa
At Home

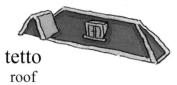

tetto
roof

bidone
dustbin/ (US) trashcan

cancello
gate

scale
stairs

camino
chimney

steccato
fence

garage
garage

finestra
window

porta
door

cane
dog

gatto
cat

coniglietto
rabbit

ragno
spider

lumaca
snail

lettere
letters

sacco della posta
postbag

foglia
leaf

fiore
flower

albero
tree

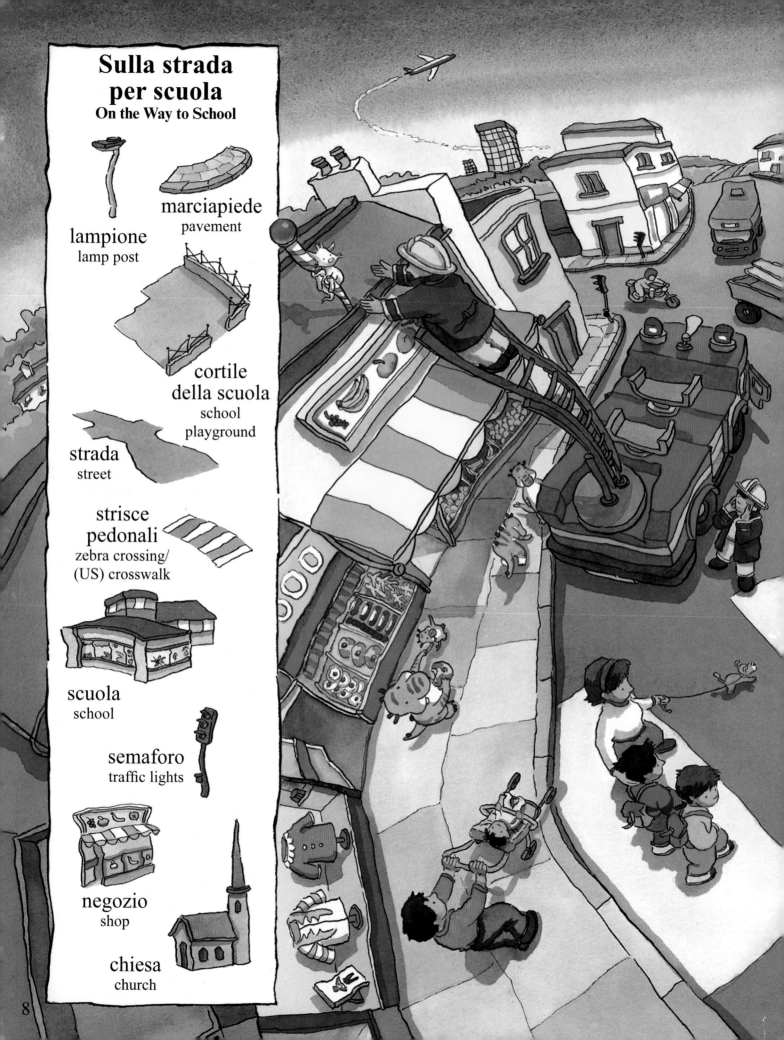

Sulla strada per scuola
On the Way to School

lampione
lamp post

marciapiede
pavement

cortile della scuola
school playground

strada
street

strisce pedonali
zebra crossing/ (US) crosswalk

scuola
school

semaforo
traffic lights

negozio
shop

chiesa
church

bicicletta
bicycle

automobile
car

autobus
bus

motocicletta
motorbike

camion dei pompieri
fire engine

camion
truck

elicottero
helicopter

ambulanza
ambulance

aeroplano
aeroplane

La nostra classe
Our Classroom

zainetto
school bag

libro
book

cestino del pranzo
lunch box

lavagna
blackboard

gesso
chalk

mappamondo
globe

scrivania
desk

calamita
magnet

cestino
bin

10

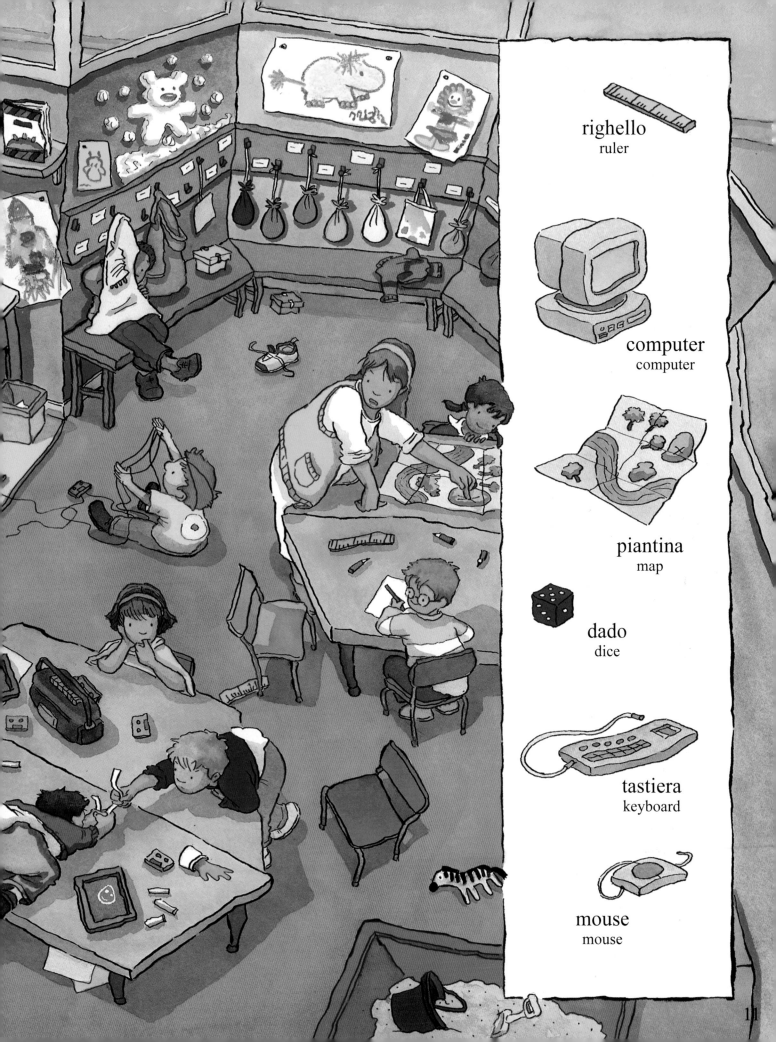

righello
ruler

computer
computer

piantina
map

dado
dice

tastiera
keyboard

mouse
mouse

Divertiamoci con i colori
Fun with Colours

nero
black

blu
blue

marrone
brown

verde
green

grigio
grey

arancione
orange

rosa
pink

viola
purple

rosso
red

bianco
white

giallo
yellow

12

grembiule
overall

colla
glue

disegno
picture

pennello
paintbrush

colori
paints

matita
pencil

carta
paper

forbici
scissors

pennarello
felt-tip pen

cavalletto
easel

I mestieri
Professions

postino
postman

muratore
builder

medico
doctor

poliziotto
police officer

veterinario
vet

calciatore
footballer

pompiere
firefighter

autista
bus driver

14

macchinista
train driver

pilota
pilot

subacqueo
diver

astronauta
astronaut

pop-star
pop star

ballerina
dancer

cuoco
cook

bagnino
lifeguard

Al museo
At the Museum

I dinosauri
Dinosaurs

200 milioni di anni fa
200 million years ago

tirannosauro
Tyrannosaurus Rex

stegosauro
Stegosaurus

diplodoco
Diplodocus

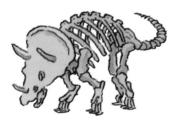

scheletro di triceratopo
Triceratops skeleton

fossile
fossil

osso
bone

Éta della pietra
Stone Age
10.000 anni fa
10,000 years ago

caverna
cave

selce
flint

pittura rupestre
cave painting

fuoco
fire

antichi egiziani
Ancient Egyptians
5.000 anni fa
5,000 years ago

piramide
pyramid

faraone
Pharaoh

sfinge
Sphinx

antichi romani
Ancient Romans
2.000 anni fa
2,000 years ago

vaso di ceramica
pottery vase

monete
coins

soldato
soldier

17

Al supermercato
At the Supermarket

carrello
trolley

cestino
basket

cassa
till

pane
bread

brioche
bun

marmellata
jam

cereali
cereal

patate
potatoes

spaghetti
spaghetti

latte
milk

yogurt
yoghurt

formaggio
cheese

uova
eggs

mela
apple

banana
banana

arancia
orange

pomodoro
tomato

carota
carrot

lattuga
lettuce

L'ora di pranzo
Lunchtime

fornelli
hob

forno
oven

frigorifero
fridge

lavatrice
washing machine

ferro da stiro
iron

pentola
saucepan

tazza
cup

ciotola
bowl

coltello
knife

forchetta
fork

bollitore
kettle

piatto
plate

cucchiaio
spoon

piattino
saucer

sedia
chair

teiera
teapot

cuscino
cushion

divano
sofa

stereo
stereo

tavolo
table

televisore
television

aspirapolvere
vacuum cleaner

21

Giochiamo!
Let's Play!

casa delle bambole
doll's house

bambola
doll

gioco
game

macchina da corsa
racing car

robot
robot

puzzle
jigsaw puzzle

orsacchiotto
teddy

rotaia
track

trenino
train

tamburo
drum

chitarra
guitar

tastiera
keyboard

microfono
microphone

tromba
trumpet

flauto
recorder

piatti
cymbals

sonagli
bells

tamburello
tambourine

23

Alla fattoria
On the Farm

cavallo
horse

gallina
chicken

gallo
cockerel

anatra
duck

oca
goose

pecora
sheep

capra
goat

maiale
pig

mucca
cow

24

trattore
tractor

ruscello
stream

ponte
bridge

campo
field

bosco
wood

fieno
hay

collina
hill

spaventapasseri
scarecrow

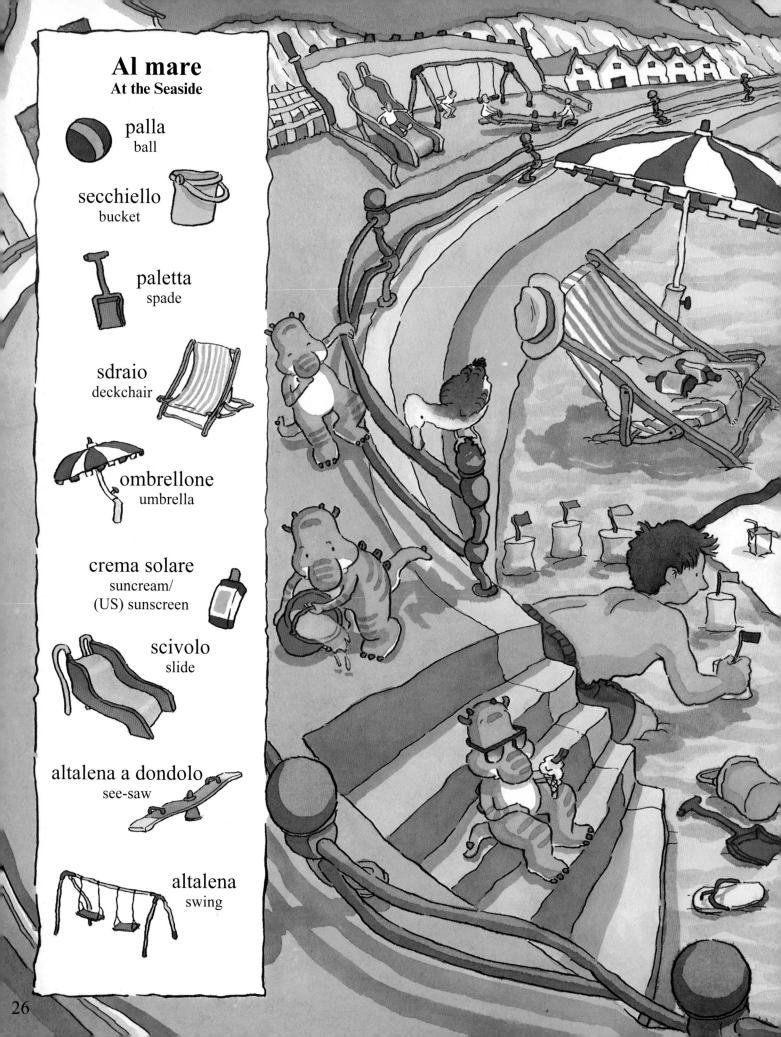

Al mare
At the Seaside

palla
ball

secchiello
bucket

paletta
spade

sdraio
deckchair

ombrellone
umbrella

crema solare
suncream/
(US) sunscreen

scivolo
slide

altalena a dondolo
see-saw

altalena
swing

26

nave
ship

faro
lighthouse

castello di
sabbia
sandcastle

gabbiano
seagull

conchiglia
shell

granchio
crab

polpo
octopus

stella marina
starfish

alghe
seaweed

Festa di compleanno
Birthday Party

biglietto di auguri
birthday card

candelina
candle

palloncino
balloon

regalo
present

stella filante
streamer

fischietto
party blower

cappellino della festa
party hat

bacchetta magica
magic wand

mago
magician

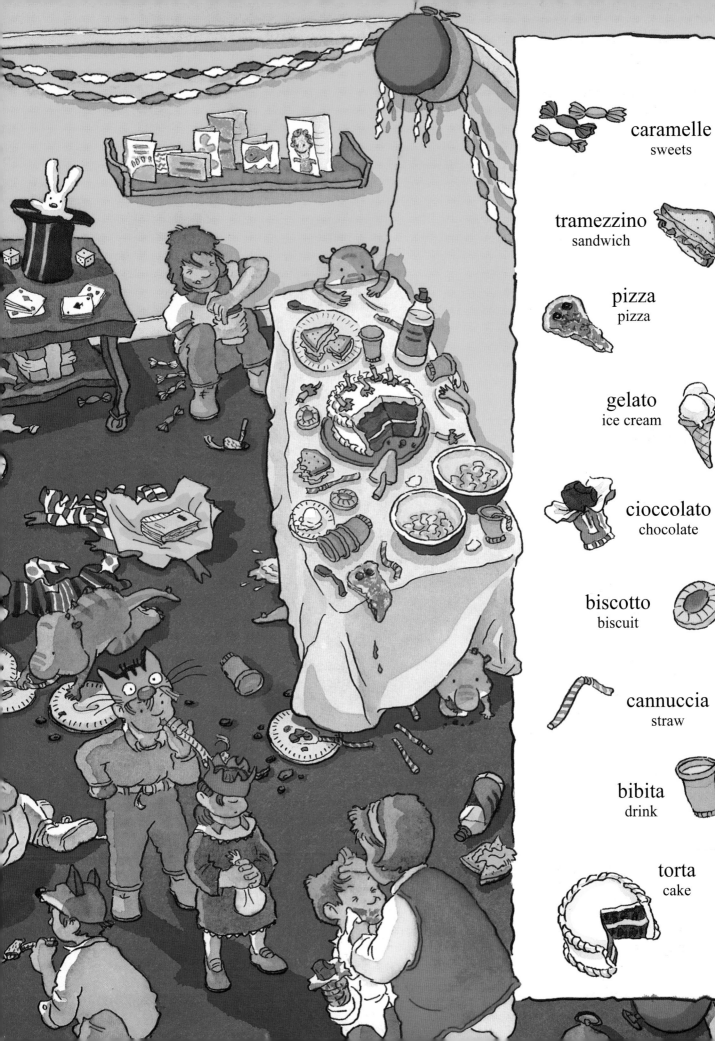

caramelle
sweets

tramezzino
sandwich

pizza
pizza

gelato
ice cream

cioccolato
chocolate

biscotto
biscuit

cannuccia
straw

bibita
drink

torta
cake

29

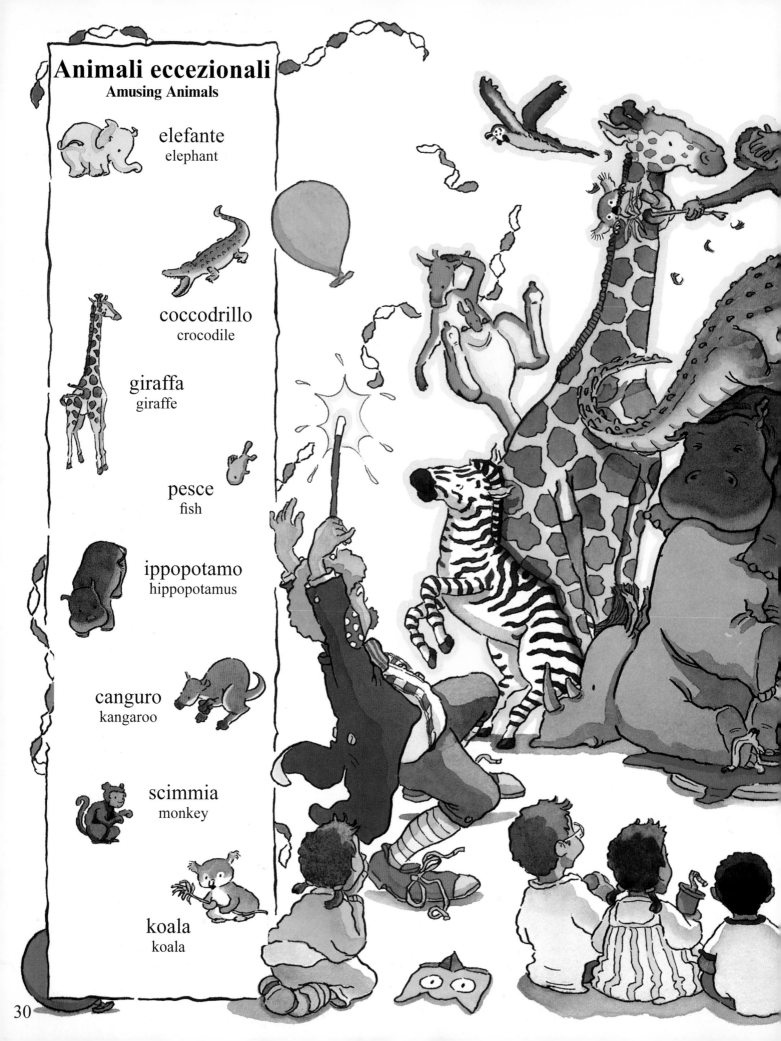

Animali eccezionali
Amusing Animals

elefante
elephant

coccodrillo
crocodile

giraffa
giraffe

pesce
fish

ippopotamo
hippopotamus

canguro
kangaroo

scimmia
monkey

koala
koala

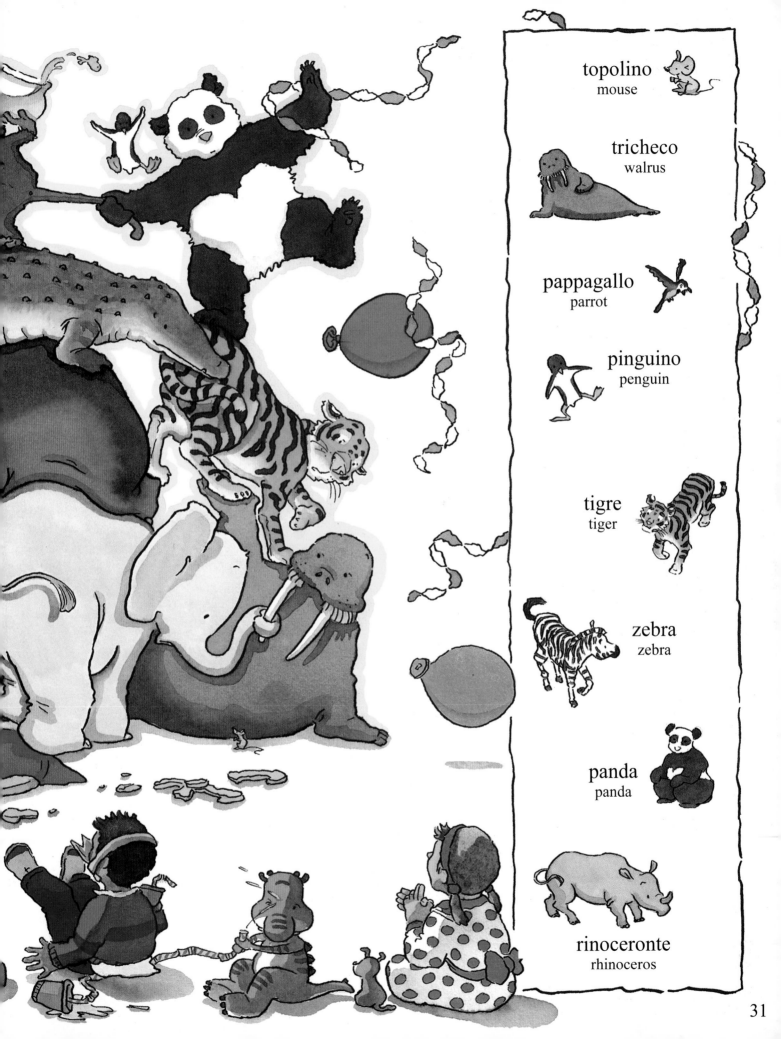

topolino
mouse

tricheco
walrus

pappagallo
parrot

pinguino
penguin

tigre
tiger

zebra
zebra

panda
panda

rinoceronte
rhinoceros

L'ora del bagno
Bathtime

vestito
dress

giubbotto
jacket

maglione
*jumper/
(US) sweater*

pantaloncini
shorts

mutande
pants

camicia
shirt

scarpe
shoes

gonna
skirt

calzini
socks

pantaloni
trousers

T-shirt
T-shirt

32

lavandino
basin

vasca
bath

pezzuola
flannel

specchio
mirror

doccia
shower

sapone
soap

spugna
sponge

gabinetto
toilet

carta igienica
toilet paper

spazzolino
toothbrush

dentifricio
toothpaste

asciugamano
towel

33

Buonanotte!
Goodnight!

armadio
wardrobe

tende
curtains

lampada
lamp

comodino
bedside table

pigiama
pyjamas

**camicia
da notte**
nightdress

cuscino
pillow

letto
bed

coperta
blanket

cassettiera
chest of drawers

album illustrato
picture book

castello
castle

re
king

regina
queen

genio
genie

lampada magica
magic lamp

drago
dragon

gigante
giant

Il mio dizionario illustrato
My Picture Dictionary

Unisci immagini e parole
Match the words with the pictures

formiche
ants

uovo
egg

pesce
fish

campana
bell

elicottero
helicopter

cane
dog

giocoliere
juggler

re
king

regina
queen

polpo
octopus

furgone
van

coccinella
ladybird

burattino
puppet

topolino
mouse

chiodi
nails

bruco
caterpillar

ombrello
umbrella

anello
ring

radiografia
X-ray

yacht
yacht

calzini
socks

tigre
tiger

inchiostro
ink

orologio
watch

zebra
zebra

capra
goat

Contiamo insieme! 123
Count with Me! 123

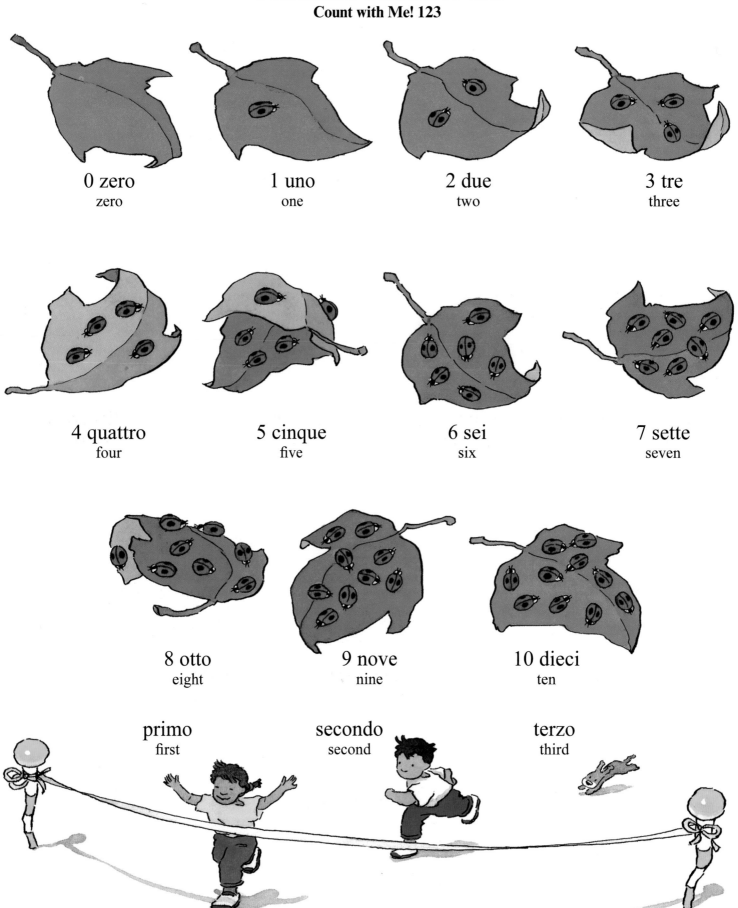

0 zero
zero

1 uno
one

2 due
two

3 tre
three

4 quattro
four

5 cinque
five

6 sei
six

7 sette
seven

8 otto
eight

9 nove
nine

10 dieci
ten

primo
first

secondo
second

terzo
third

11 undici
eleven

12 dodici
twelve

13 tredici
thirteen

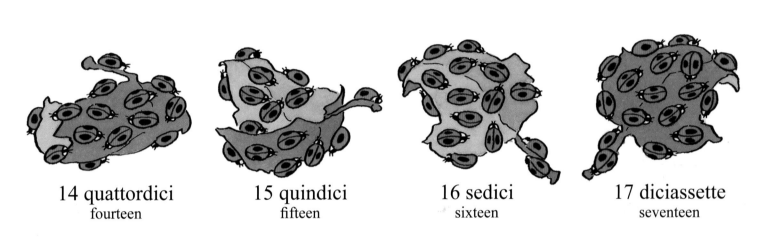

14 quattordici
fourteen

15 quindici
fifteen

16 sedici
sixteen

17 diciassette
seventeen

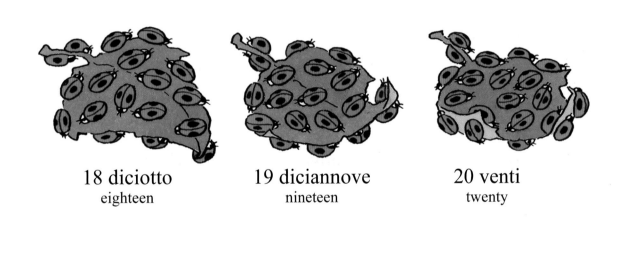

18 diciotto
eighteen

19 diciannove
nineteen

20 venti
twenty

quarto
fourth

quinto
fifth

ultimo
last

Le forme
Shapes

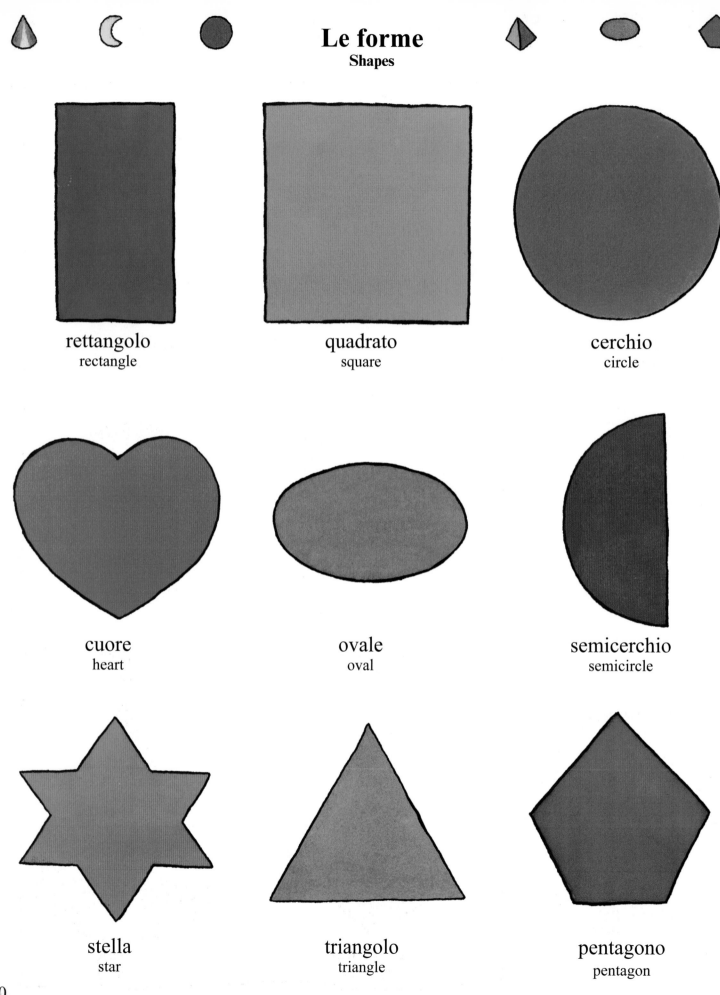

rettangolo
rectangle

quadrato
square

cerchio
circle

cuore
heart

ovale
oval

semicerchio
semicircle

stella
star

triangolo
triangle

pentagono
pentagon

40

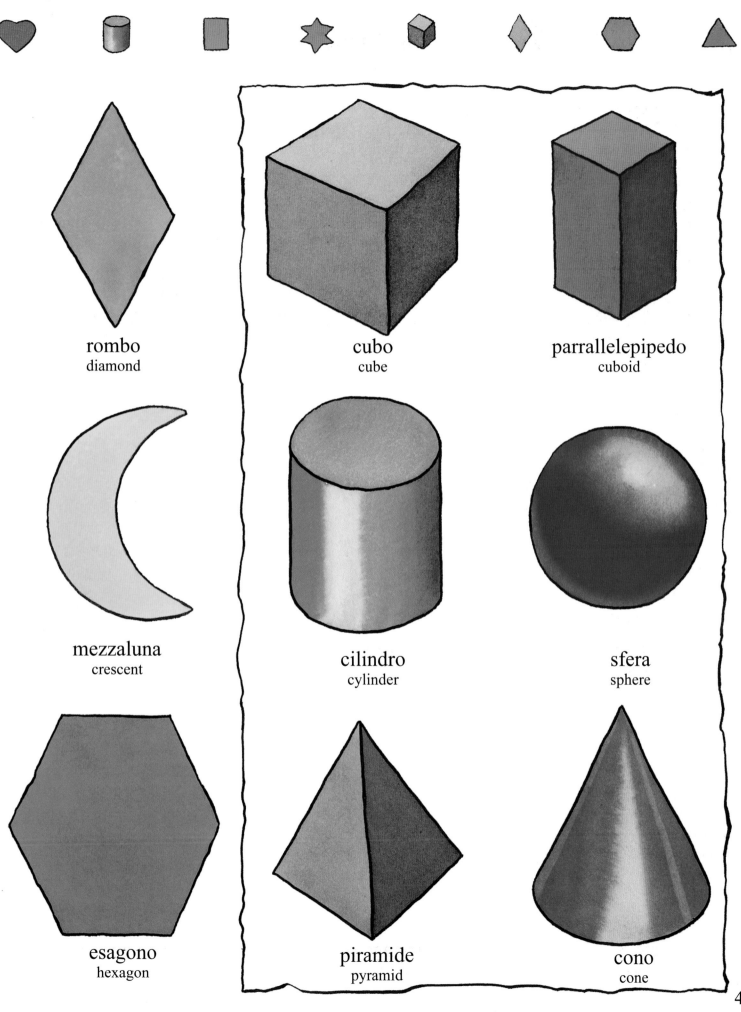

rombo
diamond

cubo
cube

parrallelepipedo
cuboid

mezzaluna
crescent

cilindro
cylinder

sfera
sphere

esagono
hexagon

piramide
pyramid

cono
cone

41

I contrari
Opposites

grosso/piccolo
big/small

pulito/sporco
clean/dirty

grasso/magro
fat/thin

pieno/vuoto
full/empty

alto/basso
high/low

caldo/freddo
hot/cold

nuovo/vecchio
new/old

aperto/chiuso
open/closed

42

buio/luce
dark/light

veloce/lento
fast/slow

felice/triste
happy/sad

pesante/leggero
heavy/light

lungo/corto
long/short

piu/meno
more/less

uguale/diverso
same/different

bagnato/asciutto
wet/dry

Che tempo fa?
What is the weather like?

E nuvoloso.
It's cloudy.

C'è il sole.
It's sunny.

Piove.
It's raining.

C'è la neve.
It's snowy.

C'è il vento.
It's windy.

C'è la nebbia.
It's foggy.

Che ore sono?
What time is it?

otto del mattino
eight o'clock

dieci del mattino
ten o'clock

mezzogiorno
midday

due del pomerggio
two o'clock

quattro del pomeriggio
four o'clock

sei del pomeriggio
six o'clock

Index

47

faro (m) 27
felice 43
ferro da stiro (m) 20
fieno (m) 25
finestra (f) 6
fiore (m) 7
fischietto (m) 28
flauto (m) 23
foglia (f) 7
forbici (f pl) 13
forchetta (f) 20
formaggio (m) 19
formiche (m) 36
fornelli (m pl) 20
forno (m) 20
fossile (m) 16
freddo 42
frigorifero (m) 20
fuoco (m) 17
furgone (m) 36

G H I
gabbiano (m) 27
gabinetto (m) 33
gallina (f) 24
gallo (m) 24
gamba (f) 4
garage (m) 6
gatto (m) 7
gelato (m) 29
genio (m) 35
gesso (m) 10
giallo 12
gigante 35
ginocchio (m) 4
gioco (m) 22
giocoliere (m) 36
giraffa (f) 30
giubbotto (m) 32
gomito (m) 4
gonna (f) 32
granchio (m) 27
grasso 42
grembiule (m) 13
grigio 12
grosso 42
guancia (f) 5
inchiostro (m) 37
ippopotamo (m) 30

J K L
koala (m) 30
lampada (f) 34
lampada magica (f) 35
lampione (m) 8
latte (m) 19
lattuga (f) 19
lavagna (f) 10
lavandino (m) 33
lavatrice (f) 20
leggero 43
lento 43
lettere (f) 7
letto (m) 34
libro (m) 10
libro di fiabe (m) 35
lingua (f) 5
luce 43
lumaca (f) 7
lungo 43

M N O
macchina da corsa (f) 22
macchinista (m) 15
maglione (m) 32
mago (m) 28
magro 42
maiale (m) 24
mano (f) 4
mappamondo (m) 10
marciapiede (m) 8
marmellata (f) 18
marrone 12
matita (f) 13
mattino (m) 45
medico (m) 14
mela (f) 19
meno 43
mento (m) 5
mezzaluna (f) 41
mezzogiorno (m) 45
microfono (m) 23
monete (f pl) 17
motocicletta (f) 9
mouse (m) 11
mucca (f) 24
muratore (m) 14
mutande (f pl) 32
naso (m) 5
nave (f) 27
nebbia 44
negozio (m) 8
nero 12
nevo 44
nove 38
nuovo 42
nuvoloso 44
oca (f) 24
occhio (m) 5
ombrello (m) 37
ombrellone (m) 26
orecchio (m) 5
orologio (m) 37
orsacchiotto (m) 22
osso (m) 16
otto 38
ovale 40

P Q R
paletta (f) 26
palla (f) 26
palloncino (m) 28
pancia (f) 4
panda (m) 31
pane (m) 18
pantaloncini (m pl) 32
pantaloni (m pl) 32
pappagallo (m) 31
parallelepipedo (m) 41
patate (f pl) 18
pecora (f) 24
pennarello (m) 13
pennello (m) 13
pentagono (m) 40
pentola (f) 20
pesante 43
pesce (m) 30, 36
petto (m) 4
pezzuola (f) 33
piantina (f) 11
piatti (musica) (m pl) 23
piattino (m) 21
piatto (m) 20
piccolo 42
piede (m) 4
pieno 42
pigiama (m) 34
pilota (m) 15
pinguino (m) 31
piovo 44
piramide (Egitto) (f) 17
piramide (forme) (f) 41
pittura rupestre (f) 17
più 43
pizza (f) 29
poliziotto (m) 14
polpo (m) 27
pomeriggio (m) 45
pomodoro (m) 19
pompiere (m) 14
ponte (m) 25
pop-star (f) 15
porta (f) 6
postino (m) 14
primo 38
pulito 42
puzzle (m) 22
quadrato (m) 40
quarto (m) 39
quattordici 39
quattro 38
quindici 39
quinto 39
radiografia (f) 37
ragno (m) 7
re (m) 35, 36
regalo (m) 38
regina (f) 35
rettangolo (m) 40
righello (m) 11
rinoceronte (m) 31
robot (m) 22
rombo (m) 41
rosa (f) 12
rosso 12
rotaia (f) 22
ruscello (m) 25

S T U
sacco della posta (m) 7
salsicce (f pl) 18
sapone (m) 33
scale (f pl) 6
scarpe (f pl) 32
scheletro di triceratopo (m) 16
schiena (f) 4
scimmia (f) 30
scivolo (m) 26
scrivania (f) 10
scuola (f) 8
sdraio (m) 26
secchiello (m) 26
secondo 38
sederino (m) 4
sedia (f) 21
sedici 39
sei 38
selce (f) 17
semaforo (m) 8
semicerchio (m) 40
sette 38
sfera (f) 41
sfinge (f) 17
soldato (m) 17
sole 44
sonagli (m, pl) 23
spaghetti (m pl) 18
spalle (f pl) 4
spaventapasseri (m) 25
spazzolino (m) 33
specchio (m) 33
sporco 42
spugna (f) 33
steccato (m) 6
stegosauro (m) 16
stella (f) 40
stella filante (f) 28
stella marina (f) 27
stereo (m) 21
strada (f) 8
strisce pedonali (f pl) 8
subacqueo 15
T-shirt (f) 32
tamburello (m) 23
tamburo (m) 23
tastiera (musica) (f) 23
tastieria (PC) (f) 11
tavolo (m) 21
tazza (f) 20
teiera (f) 21
televisore (m) 21
tende (f pl) 34
terzo 38
testa (f) 4
tetto (m) 6
tigre (f) 31, 37
tirannosauro (m) 16
topolino (m) 31, 37
torta (f) 29
tramezzino (m) 29
trattore (m) 25
tre 38
tredici 39
trenino (m) 22
triangolo (m) 40
tricheco (m) 31
triste 43
tromba (f) 23
uguale 43
ultimo 39
undici 39
uno 38
uova (f pl) 19
uovo (m) 37

V W
vasca (f) 33
vaso (m) 17
vecchio 42
veloce 43
venti 39
vento 44
verde 12
vestito (m) 32
veterinario (m) 14
viola 12
viso (m) 5
vuoto 42

XYZ
yacht (m) 37
yogurt (m) 19
zainetto (m) 10
zebra (f) 31, 37
zero 38